Manfred Januarius Bauer

Speeddating im Religionsunterricht 5–7

Lehrplanthemen wiederholen –
fachliches Kommunizieren aktiv und spielerisch fördern

Gedruckt auf umweltbewusst gefertigtem, chlorfrei gebleichtem und alterungsbeständigem Papier.

1. Auflage 2019
© 2019 Auer Verlag, Augsburg
AAP Lehrerwelt GmbH
Alle Rechte vorbehalten.

Das Werk als Ganzes sowie in seinen Teilen unterliegt dem deutschen Urheberrecht. Der Erwerber des Werks ist berechtigt, das Werk als Ganzes oder in seinen Teilen für den eigenen Gebrauch und den Einsatz im Unterricht zu nutzen. Die Nutzung ist nur für den genannten Zweck gestattet, nicht jedoch für einen weiteren kommerziellen Gebrauch, für die Weiterleitung an Dritte oder für die Veröffentlichung im Internet oder in Intranets. Eine über den genannten Zweck hinausgehende Nutzung bedarf in jedem Fall der vorherigen schriftlichen Zustimmung des Verlags.

Sind Internetadressen in diesem Werk angegeben, wurden diese vom Verlag sorgfältig geprüft. Da wir auf die externen Seiten weder inhaltliche noch gestalterische Einflussmöglichkeiten haben, können wir nicht garantieren, dass die Inhalte zu einem späteren Zeitpunkt noch dieselben sind wie zum Zeitpunkt der Drucklegung. Der Auer Verlag übernimmt deshalb keine Gewähr für die Aktualität und den Inhalt dieser Internetseiten oder solcher, die mit ihnen verlinkt sind, und schließt jegliche Haftung aus.

Covergestaltung: annette forsch konzeption und design, Berlin
Illustrationen: Hendrik Kranenberg, Corina Beurenmeister, Marion El-Khalafawi, Steffen Jähde, Kristina Klotz, Stefan Lohr, Katharina Reichert-Scarborough
Satz: Satzpunkt Ursula Ewert GmbH, Bayreuth
Druck und Bindung: Himmer GmbH, Augsburg
ISBN 978-3-403-08234-7
www.auer-verlag.de

Inhaltsverzeichnis

Vorwort 4

Ethisches Handeln unter Wahrung der Schöpfung
Die Schöpfung 5
Gott herausfordern 8
Recht und Gerechtigkeit 11

Gott begreifen: Vorstellungen und Ausdrucksformen
Gottesbilder 14
Gerufene und Rufende 17
Gottes Gebote 20

Die Bibel
Rund um die Bibel allgemein 23
Rund um das Alte Testament 26
Rund um das Neue Testament 29

Jesus auf der Spur
Steckbrief Jesu 32
Gleichnisse 35
Heilungs- und Wundergeschichten 38

Kirche: Bekenntnis und Nachfolge
Entstehung und Organisation der Kirche 41
Sakramente 44
Heilige als Vorbilder im Glauben 47
Reformator Martin Luther 50

Ausdrucksformen des Glaubens
Gotteshaus und Kirchenraum 53
Symbole des Glaubens 56
Das Kirchenjahr 59
Brauchtum – lebendiger Glaube 62

Weltreligionen
Das Judentum 65
Der Islam 68
Der Hinduismus 71

Quellenverzeichnis 74

Vorwort

Ziel des Heftes ist es, eine neue Arbeitsform einzuführen. Dabei werden methodische wie didaktische Prinzipien berücksichtigt, die in besonderem Maße der Leistungsheterogenität sowie bewährten Prinzipien Rechnung tragen. Somit können leistungsstarke Schüler[1], Inklusionsschüler sowie Kinder nichtdeutscher Herkunftssprache mitmachen. Auch soll die Methode einen hohen Motivationsanreiz besitzen.

Methodisch geht es beim Speeddating darum, den „richtigen Partner" zu finden. Hierzu werden Kärtchen angeboten, vier Kärtchen gehören dabei als „Quartett" zusammen. Nachdem die Kärtchen an die Schüler verteilt wurden, müssen sich die entsprechenden Paare nach dem Signal der Lehrkraft finden. Dabei werden in besonderem Maße das fachliche Kommunizieren bzw. der fachliche Austausch angeregt. Wie beim Partner-Dating kann es sein, dass man sich zunächst mit mehreren „Partnern" austauschen muss, bis man den richtigen gefunden hat.

Die Schüler müssen begründen, warum sie zusammengehören bzw. nicht. Es werden also Redeanlässe geschaffen. Sind die „Partner" der Meinung, dass sie „zusammengehören", kann dies durch eine entsprechende Lösungsvorgabe in Form der originalen Kopiervorlage eigenständig kontrolliert werden. Eine Methode, die damit auch den Unterricht im Hinblick auf Bewegung fördert. Glaube wird zur Sprache gebracht.

Im Unterricht selbst kann diese Methode gleichermaßen zur Einführung in eine neue Thematik (als Screening vorhandener Fertigkeiten) als auch zur Vertiefung oder zum Abschluss eines Themas eingesetzt werden. Fachliche Inhalte werden somit gefestigt und vertieft. Auch der Einsatz als Lernkärtchen wäre möglich.

Das Heft beinhaltet lehrplanrelevante Unterthemen, die Oberthemen zugeordnet sind. Jedes Unterthema besteht aus zwei Seiten mit Kärtchen und einem Arbeitsblatt zur Ergebnissicherung. Dadurch sollen die Schüler noch mal den Prozess ihrer Gruppenfindung reflektieren. Durch die vorhandene Auswahl kann die Lehrkraft je nach Klassenzusammensetzung schnell und effizient entsprechende Niveaustufen passgenau auswählen.

Die beiden Seiten mit Kärtchen bestehen aus insgesamt 10 Quartetten. Jedes Quartett ist folgendermaßen gegliedert:

- Karte 1: Begriff
- Karte 2: Visualisierung
- Karte 3: Erklärung 1
- Karte 4: Erklärung 2

Eine unterhaltsame Begegnung wünscht

Manfred J. Bauer

---

[1] Aufgrund der besseren Lesbarkeit ist in diesem Buch mit Schüler auch immer Schülerin gemeint, ebenso verhält es sich mit Lehrer und Lehrerin etc.

Die Schöpfung

Begriff	Visualisierung	Erklärung 1	Erklärung 2
1. Buch Mose, Genesis		Gott brauchte für sein Werk sechs Tage. Am 7. Tag ruhte er.	1. Tag: Himmel und Erde 3. Tag: Land und Meer 6. Tag: Landtiere und der Mensch
Vier Grundelemente		Feuer, Erde, Wasser und Luft	Die vier Begriffe stehen für Wärme, Licht, Fundament, Feuchtigkeit und Atem.
Adam		Er war der erste Mensch und wurde aus Staub erschaffen. Gott hauchte ihm Atem ein.	Er lebte mit seiner Frau Eva im Paradies und fürchtete Gott. Seine Kinder hießen Kain und Abel.
Eva		Sie wurde aus der Rippe Adams geschaffen und lebte mit ihm im Garten Eden. Ihre Kinder waren Kain und Abel.	Sie aß trotz Gottes Verbot vom Baum der Erkenntnis. Gott warf sie aus dem Paradies. Plötzlich war sie nackt und schämte sich.
Kain und Abel		Aus Eifersucht erschlug ein junger Mann seinen Bruder. Das ist der erste Mord der Bibel.	Der mordende Bruder versteckte und schämte sich vor Gott. Obwohl Gott ihn verdammte, beschützte er ihn.

Die Schöpfung

Begriff	Visualisierung	Erklärung 1	Erklärung 2
Regenwald		Dieses Gebiet liegt in den Tropen. Hier regnet es oft.	Die dort lebenden Tiere und Pflanzen sind durch die Abholzung sehr bedroht.
Eisberge		In Grönland und in der Antarktis gibt es sehr viele davon. Man nennt sie auch „weiße Riesen".	Die dicke, gefrorene Eisschicht dieser Klötze schmilzt aufgrund der Erderwärmung schneller als erwartet.
Meere		Die Nordsee und der Pazifik zählen dazu. Seen sind im Vergleich hierzu eher winzig.	Die Verschmutzung durch Öl und Müll belastet das Wasser und die darin lebenden Tiere.
Ozonloch		Die Schicht schützt die Erde vor der starken Sonnenstrahlung. Mittlerweile ist sie aber durchlässiger und größer geworden.	Autoabgase und Spraydosen lassen die schützende Hülle kleiner werden. Daher dringen gefährliche Strahlen zur Erdoberfläche durch.
Heiliger Franziskus		Von diesem Heiligen stammt das berühmte Gebet „Sonnengesang". Er lebte in Italien und liebte die Natur.	In diesem Gebet preist er einzelne Teile der Schöpfung, z. B. die „Schwester Sonne".

Die Schöpfung

1 Übertrage deine Kärtchen in die Felder.

2 Was ist dir bei der Partnersuche leicht gefallen? Was war schwer?

_____

_____

3 Welche Bedeutung hat heute der Sonntag als siebter Tag der Woche?

_____

4 Erkläre, wie Gott Adam und Eva schuf.

_____

_____

5 Nenne den Grund, weshalb sich Gott über Adam und Eva ärgerte und beide aus dem Paradies warf.

_____

_____

6 a) Welche Gemeinsamkeit haben Eva und Kain in der Begegnung mit Gott? Erkläre.

_____

b) Wie reagierte Gott auf die Verfehlungen der beiden? Erkläre.

_____

Gott herausfordern

Begriff	Visualisierung	Erklärung 1	Erklärung 2
Turm zu Babel		Die Menschen der Stadt sprechen eine einheitliche Sprache. Sie wollen ein sehr hohes Gebäude bauen.	Gott ärgert sich über den Größenwahn und verwirrt die Sprache. Somit scheitert der Bau.
Sodom und Gomorra		Die Bewohner leben sehr zügellos und missachten Gottes Gebote. Gott warnt Lot und zerstört die Städte.	Lot flieht mit seiner Familie. Als sich seine Frau trotz Verbot umdreht und zurückblickt, erstarrt sie zur Salzsäule.
Arche Noah		Weil die Menschen Gottes Gebote missachten, plant Gott eine Sintflut. Von ihm gewarnt, baut ein Mann ein großes Schiff.	Der Mann und seine Familie gehen an Bord und nehmen von jeder Tierart zwei Tiere mit. Die Flut dauert ein Jahr und zehn Tage.
Regenbogen		Die Farben in Form eines Halbkreises sind ein Zeichen des Friedens.	Dieses Zeichen steht für den Bund mit Gott. Er schließt mit den Menschen Frieden.
Umweltzerstörung		Durch Konsum, Abfälle und Gewinnstreben wird Gottes Schöpfung heutzutage missachtet.	Die Verschmutzung der Luft und der Meere nimmt stark zu. Die Natur wird sehr stark beschädigt.

Gott herausfordern

Begriff	Visualisierung	Erklärung 1	Erklärung 2
Abgase		Diese Dämpfe kommen aus dem Auspuff eines Autos, aus Schornsteinen und aus Spraydosen.	Diese Dämpfe sind für Mensch und Natur sehr schädlich.
Massen-(Tierhaltung)		Die Tiere leben oft auf zu engem Raum. Die Käfige sind meist zu klein und dreckig.	Durch die Enge entstehen Panik und teils auch Krankheiten bei den Tieren.
Lärm		Er dröhnt in den Ohren und ist nicht gut für die Gesundheit. Tiere fühlen sich dadurch bedroht.	Autobahnen, Züge oder sehr laute Musik erzeugen sehr viel davon. Tiere und Mitmenschen leiden darunter.
Müll		Hausabfälle und Verpackungen aus Plastik werden immer mehr. Das erschwert die Entsorgung.	Die weggeworfenen Verpackungen ergeben riesige Berge. Vieles wird im Meer versenkt und bedroht die Umwelt.
Roboter / Künstliche Intelligenz		Der Mensch legt sein Denken in die Verantwortung von Computern.	Der Mensch verlässt sich nicht mehr auf sich selbst, sondern nur noch auf Maschinen und Computer. Das kann gefährlich sein.

Gott herausfordern

1 Übertrage deine Kärtchen in die Felder.

2 Was ist dir bei der Partnersuche leicht gefallen? Was war schwer?

_____

_____

3 Erkläre, wie Gott mit treuen Menschen umgeht (wie z. B. Noah und Lot).

_____

_____

4 a) Betrachte die Abbildung und nenne Wörter, die Gottes Schöpfung zerstören.

b) Male ein Bild auf ein leeres Blatt, wie die Schöpfung nach Gottes Wille aussehen sollte.

Recht und Gerechtigkeit

Begriff	Visualisierung	Erklärung 1	Erklärung 2
Recht	§§§	Dieses Zeichen steht für den Begriff. Hierzu zählen auch die Verhaltensregeln.	Dieses Wort steht in Zusammenhang mit dem Begriff „Moral". Manche Menschen verstoßen dagegen und werden dafür von der Gesellschaft zur Verantwortung gezogen.
Grundgesetz	Grundgesetz §	In diesem Buch stehen die Rechte der Bürger der Bundesrepublik Deutschland.	Das wichtigste Recht in der Bundesrepublik Deutschland lautet: „Die Würde des Menschen ist unantastbar."
Gericht	(Richter)	Wird gegen das Gesetz verstoßen, urteilen Vertreter des Staates über eine Strafe. (Judikative)	Die Vertreter des Staates berufen sich auf das Gesetz und müssen dabei ihrem Gewissen folgen. Auch das Gebäude heißt so.
Zehn Gebote	(Steintafeln)	Dies sind die wichtigsten Regeln Gottes, die auf zwei große Steinplatten geschrieben wurden.	Diese Regeln erhielt Moses auf dem Berg Sinai zwei Mal von Gott, nachdem Moses sie das erste Mal zerschmettert hatte voller Wut auf seine Mitmenschen.
Bergpredigt	(Jesus mit Menschen)	Jesus stieg hierzu auf einen großen Hügel und legte Gottes Wort und seine Gebote aus.	Ein Teil dieser Ansprache besteht aus den Seligpreisungen. Hier gibt Jesus Ratschläge für ein gottgefälliges Leben.

Recht und Gerechtigkeit

Begriff	Visualisierung	Erklärung 1	Erklärung 2
Unrecht (unrechtes Handeln)		Jemanden zu bestehlen, ist nicht im Sinne des Rechts. Es ist gegen das Gesetz und sogar strafbar.	Das 7. Gebot lautet: „Du sollst nicht stehlen." Geschieht dies trotzdem, wird ein Recht verletzt.
Rechtmäßig (rechtmäßiges Handeln)		Wenn sich jemand in seinem Verhalten an die Rechte hält, z. B. etwas mit anderen teilt, anstatt den anderen etwas wegzunehmen.	Rechte fördern moralisches Handeln, etwa sein Essen zu teilen. Ein solches Verhalten ist im Sinne Gottes.
Ungerechtigkeit		Dies entsteht, wenn die einen im Überfluss leben und die anderen fast nichts zum Leben haben.	Ideal wäre es, wenn alle gleich viel zu essen hätten. Auf der Welt ist jedoch nicht alles ideal verteilt.
Gleichnis von den Arbeitern im Weinberg		In dieser Erzählung geht es darum, wie Arbeiter mit einem Gutsherren über den Lohn diskutieren. Jeder erhielt gleich viel.	Ein Gutsherr hat einen festen Lohn für alle vereinbart, unabhängig von der Arbeitszeit. Es geht ihm um die Fürsorge.
Zachäus der Zöllner		Steuereintreiber sind bei der Bevölkerung unbeliebt. Ein gottesfürchtiger Mann klettert auf einen Baum, um Jesus zu sehen.	Jesus holt einen verängstigten Steuereintreiber vom Baum und kehrt bei ihm Zuhause ein. Er akzeptiert ihn als Menschen.

Recht und Gerechtigkeit

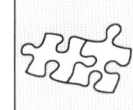

1 Übertrage deine Kärtchen in die Felder.

2 Was ist dir bei der Partnersuche leicht gefallen? Was war schwer?

3 Was ist rechtmäßiges Handeln im Sinne Gottes?

4 Erkläre, was passieren kann, wenn jemand nicht die Wahrheit sagt.

5 Nenne Gründe, weshalb es noch immer so viel Ungerechtigkeit in der Welt gibt.

6 Deute die Botschaft dieser Plakate.

Gottesbilder

Begriff	Visualisierung	Erklärung 1	Erklärung 2
Schöpfer		Gott hat einen Plan und setzt ihn um. Er schuf Himmel und Erde.	Gott konstruiert nach seinen Plänen die Welt. Gott erschafft etwas.
Allsehender Gott		Dies wird in Form eines Dreiecks dargestellt, das von einem Strahlenkranz umgeben ist.	Gott sieht alles und nimmt alles wahr. Dies wird oft als Dreieck dargestellt. Drei bedeutet auch göttlich.
Dreifaltiger Gott		Gott ist in drei Personen gegenwärtig: Er ist in Jesus, dem Vater und dem Heiligen Geist gegenwärtig.	Ein anderes Wort dafür heißt „Trinität". Es bezeichnet die Wesenseinheit Gottes in drei Personen.
Gott als König		Gott wird oft mit einer Krone dargestellt. Er ist majestätisch und der Herrscher über die Welt.	Gott wird oft auf einem Thron dargestellt. Er steht über seinem Volk und über der Welt.
Gott als Vater		Sein Sohn ist Jesus. Er hält ihn in seinen Armen wie eine Mutter.	Wir sind für ihn seine Kinder. Er sorgt für uns wie ein Vater.

Gottesbilder

Begriff	Visualisierung	Erklärung 1	Erklärung 2
Gott als Richter		Am Tag des Jüngsten Gerichts wird Gott die Bösen von den Gerechten trennen.	Gott weiß über alle Menschen Bescheid. Am Ende der Zeiten wird er Gericht halten und auf das Leben eines jeden Einzelnen blicken.
Barmherziger Gott		Gott zeigt Mitgefühl und schließt uns in seine Arme.	Gott kennt unsere Schwächen, er zeigt Geduld und nimmt uns liebevoll in seine Arme.
Gott als Hirte		Gott möchte wie ein Schäfer auch uns im Blick behalten. Er möchte sein Volk wie eine Herde zusammenhalten.	Gott sorgt dafür, dass wir bei der Herde bleiben und nicht vom Weg abkommen.
Gott als Befreier		Gott verschaffte den Israeliten Freiheit. Er holte sie aus der Gefangenschaft der Ägypter und spaltete das Meer.	Das Buch Exodus beschreibt, wie Gott die Israeliten aus dem Sklavenhaus der Ägypter holte und sie durchs Rote Meer führte.
Gott als Zuflucht		Gott ist wie ein Mantel, der wärmt und schützt. Man darf sich unterstellen und auf Gott vertrauen.	Gott bietet uns Schutz. Er möchte, dass wir in der Not zu ihm kommen und Schutz bekommen.

Gottesbilder

1 Übertrage deine Kärtchen in die Felder.

2 Was ist dir bei der Partnersuche leicht gefallen? Was war schwer?

_____

_____

3 Erkläre, weshalb es verschiedene Bilder (Vorstellungen) von Gott gibt.

_____

_____

4 Begründe, warum man sich von Gott kein Bild machen soll. Welchen Zweck hat dies?

_____

_____

5 Erläutere das Gottesbild, welches mit dieser Darstellung gemeint ist.

_____

_____

_____

_____

Gerufene und Rufende

Begriff	Visualisierung	Erklärung 1	Erklärung 2
Propheten		Dies sind besondere Menschen der Bibel. Gott teilt sich durch diese mit.	In diesen Menschen war Gott gegenwärtig. Seine Stimme verkündet durch diese Botschaften.
Abraham		Er war sehr gottesfürchtig und gilt als Stammvater Israels. Einer seiner Söhne hieß Isaak, sein Enkel hieß Jakob.	Gott führte ihn in ein bestimmtes Land und versprach ihm viele Nachkommen. Er gilt als Urvater.
Isaak		Er war ein sehr gottesfürchtiger Mensch. Sein Vater war sogar bereit, ihn für Gott zu opfern.	Ein Engel verhinderte in letzter Sekunde, dass er durch seinen Vater geopfert wurde.
Samuel		Er war ein treuer Diener Gottes und der letzte Richter Israels. Er wird oft mit einem Horn dargestellt.	Er salbte Saul und später David zum König. In einem Horn hatte er das Öl für die Salbung.
David		König Saul war vom Harfenspiel des Jungen sehr begeistert. Jahre später wurde dieser selbst zum König gesalbt.	Als Junge besiegte er im Kampf den älteren und starken Riesen Goliath. Er hat dafür eine einfache Steinschleuder benutzt.

Gerufene und Rufende

Begriff	Visualisierung	Erklärung 1	Erklärung 2
Hiob		Er war ein gerechter Mensch. Trotz seiner Treue legte ihm Gott schwere Prüfungen auf, die ihn verzweifeln ließen.	Er musste viele Schicksalsschläge erleiden. Er verlor seine Kinder und das Vieh. Zudem wurde er schwer krank.
Hannah		Sie war Witwe und hielt sich oft im Tempel auf. Zudem war sie sehr weise und konnte Dinge vorausschauen.	Sie war sehr gläubig, belesen und begegnete Jesus im Tempel. Dabei erkannte sie ihn als den Erlöser der Welt.
Lot		Er war sehr gottesfürchtig und lebte mit seiner Familie in Sodom. Gott warnte ihn und er floh mit seiner Familie aus der Stadt.	Als er mit seiner Frau aus Sodom floh, drehte diese sich um und erstarrte zur Salzsäule. Er und seine Töchter überlebten.
Jakob		Er war der Sohn Isaaks und sehr gottestreu. Aber er erschlich sich das Recht des Erstgeborenen.	In einem Traum erschien ihm eine Himmelsleiter, auf der die Engel vom Himmel auf die Erde stiegen.
Johannes der Täufer		Er taufte Jesus im Jordan und erkannte in ihm den Messias. Er rief die Menschen zur Umkehr auf.	Er war ein Prediger und lebte sehr einfach. Er aß wilden Honig und Heuschrecken. Vor Wut ließ man ihn hinrichten.

Gerufene und Rufende

1 Übertrage deine Kärtchen in die Felder.

2 Was ist dir bei der Partnersuche leicht gefallen? Was war schwer?

_____

_____

3 Erkläre den Begriff „Prophet".

_____

4 Gibt es deiner Meinung nach auch heute noch Propheten? Erkläre.

_____

5 Überlege, was die Skulptur aussagen könnte.

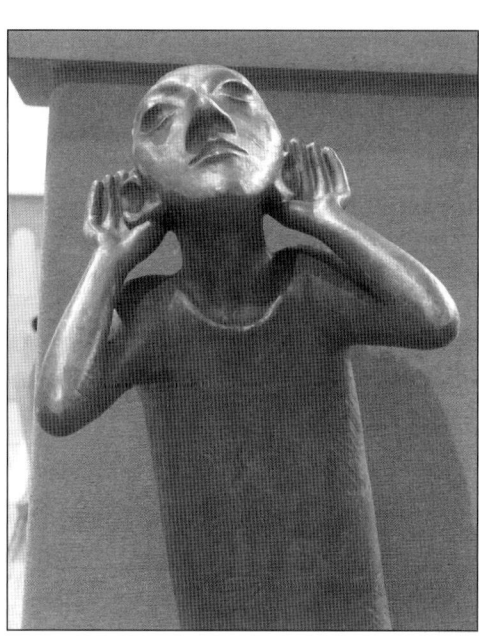

Gottes Gebote

Begriff	Visualisierung	Erklärung 1	Erklärung 2
Baum der Erkenntnis		Gott verbot Adam und Eva, die Früchte von diesem Baum zu essen.	Dieses große Gewächs stand im Garten Eden. Es sollte das Gute und Böse darstellen.
Ursünde		Eine Schlange verführte Eva: Sie aß eine Frucht und beging damit ein schweres Vergehen gegen Gottes Gebot.	Für Gott war das Verhalten von Adam und Eva unentschuldbar. Er warf beide aus dem Paradies.
Gebot		Dies entspricht einer Empfehlung bzw. einer Erlaubnis. Man soll z. B. bei Grün über die Ampel gehen.	Dies ist eine Verhaltensregel im Sinne Gottes. Das Gegenteil ist ein Verbot.
Verbot		Dies entspricht einem Befehl, etwas nicht zu tun. Es gibt z. B. eine Vorschrift, dass man in öffentlichen Räumen nicht rauchen darf.	Dieses Verhalten ist nicht erwünscht. Gott befiehl dadurch, etwas nicht zu tun.
Zehn Gebote		Gott hat diese Regeln Moses auf dem Berg Sinai übergeben. Diese wurden auf zwei Steintafeln niedergeschrieben.	Diese Regeln werden auch Dekalog genannt. Dies bezieht sich auf ihre Anzahl: 10.

Gottes Gebote

Begriff	Visualisierung	Erklärung 1	Erklärung 2
1. Gebot „Götter"		Die erste Regel lautet, dass man neben Gott keine weiteren Götter anbeten darf.	Gott sagt: „Ich bin der Herr, dein Gott." Diese Regel besagt, dass man nur einen Gott anbeten soll.
4. Gebot „Eltern"		Gott möchte, dass wir unsere Eltern achten und gernhaben. Wir sollen würdevoll mit ihnen umgehen.	Für Gott sind die Eltern sehr wichtig. Er möchte, dass wir sie wertschätzen und ehren.
5. Gebot „Leben"		Gott verbietet es, über Leben und Tod eines anderen Menschen zu bestimmen. Das Töten ist nicht im Sinne Gottes.	Es ist nach den Regeln Gottes verboten, einen anderen Menschen zu töten.
7. Gebot „Eigentum"		Gott verbietet es, dass wir die Dinge anderer wegnehmen. Es wäre dann Diebstahl.	Es ist nach den Regeln Gottes verboten, einem anderen etwas unerlaubt wegzunehmen.
Bergpredigt		Jesus stieg mit seinen Jüngern auf eine Anhöhe. Dort legte er ihnen die Lehre Gottes in einer Predigt neu aus.	In dieser Ansprache nannte Jesus oftmals das Wort „selig". Es steht für das Wohlgefallen bei Gott.

Gottes Gebote

1 Übertrage deine Kärtchen in die Felder.

2 Was ist dir bei der Partnersuche leicht gefallen? Was war schwer?

_____

_____

3 Kreuze an, ob es sich um ein Gebot oder ein Verbot handelt.

	Gebot	Verbot
Kaugummis gehören nach dem Essen in den Mülleimer.		
Über eine rote Ampel darf man nicht gehen.		
Die Sachen eines Mitschülern darf man nicht wegnehmen.		
Eine Suppe sollte man mit einem Löffel essen.		

4 Erkläre anhand des Sündenfalls, wie Gott auf die Missachtung seiner Gebote reagiert.

_____

_____

5 Erkläre das für dich wichtigste Gebot Gottes.

_____

_____

6 Erläutere, ob ein Christ über einen Menschen die Todesstrafe verhängen kann.

_____

_____

Rund um die Bibel allgemein

Begriff	Visualisierung	Erklärung 1	Erklärung 2
Altes Testament	(Schriftrolle, AT)	Es ist der ältere Teil der Bibel. Es beginnt mit den Büchern Moses. Die Abkürzung lautet AT.	Die jüdische Thora ist identisch mit diesem Teil der Bibel. Es ist die Wurzel des Juden- und Christentums.
Neues Testament	(Bibel mit Kreuz, NT)	Es ist der jüngere Teil der Bibel und beginnt mit den Evangelien. Die Abkürzung lautet NT.	Es beginnt mit dem Evangelium nach Matthäus und endet mit der Offenbarung des Johannes.
Sprachen/ Übersetzung	(Sprechblase)	Das AT wurde hauptsächlich auf Hebräisch, wenige Abschnitte sogar auf Aramäisch verfasst.	Das NT wurde hauptsächlich auf Altgriechisch verfasst. Stellenweise wurden aramäische Begriffe oder Zitate verwendet.
Schriftrollen	(Schriftrolle)	Der älteste Fund der Bibel stammt aus einer Felsenhöhle bei Qumran. Dort fand man lose Papierseiten in einem Tongefäß.	Die Bibel gab es bei ihrer Entstehung nicht als Buch. Damals wurden nur einzelne Seiten geschrieben.
Gutenberg-Bibel	(Buch mit Seite)	Es war das erste, mit beweglichen Lettern gedruckte Buch der westlichen Welt.	Die Bibel ist das am häufigsten gedruckte und in die meisten Sprachen übersetzte Buch der Welt.

Rund um die Bibel allgemein

Begriff	Visualisierung	Erklärung 1	Erklärung 2
Kanaan		Dieses Gebiet grenzt an das Mittelmeer und wird auch das „Gelobte Land" genannt. Hier lebten einst die Israeliten.	In diesem Gebiet befinden sich Jerusalem, Jericho und das Tote Meer. Es war das Ursprungsland der Israeliten.
Israeliten		Sie wurden nach Abraham auch von Moses angeführt. Das Volk hatte zwölf Stämme.	Gott versprach ihnen, ihr Gott zu sein und sie zu begleiten. Er führte das Volk durchs Rote Meer bei der Flucht vor den Ägyptern.
Ägypter		Gott befreite die Israeliten von diesem Volk. Es hatte die Israeliten zu Sklaven gemacht.	Das Gebiet dieses Volkes lag südwestlich von Kanaan. Der Pharao hatte mit den Israeliten kein Erbarmen.
Abraham		Er kam mit seiner Familie nach Kanaan. Es war das gelobte Land. Gott versprach ihm und seinem Volk, dass er ihr Gott ist.	Gott schloss mit ihm einen Bund. Er ist der biblische Vater aller Stämme Israels. Isaak war einer seiner Söhne.
Bundeslade		Sie war mit Gold überzogen und wurde auf Balken getragen. Darin befanden sich die beiden Steintafeln mit den Zehn Geboten.	Hierin wurden die Zehn Gebote aufbewahrt. Sie wurde im Tempel in Jerusalem aufbewahrt.

Rund um die Bibel allgemein

1 Übertrage deine Kärtchen in die Felder.

2 Was ist dir bei der Partnersuche leicht gefallen? Was war schwer?

_____

_____

3 Erkläre, wie die Bibel entstanden ist.

_____

_____

4 Erkläre, welcher Teil der Bibel für Christen und Juden von großer Bedeutung ist.

_____

_____

5 Erkläre, wer als biblischer Urvater für Christen, Juden und Muslime gilt.

_____

_____

6 Erläutere, welches Ereignis auf den Bildern dargestellt ist.

_____

_____

Rund um das Alte Testament

Begriff	Visualisierung	Erklärung 1	Erklärung 2
Altes Testament		Es ist der ältere Teil der Bibel, abgekürzt mit AT. Es beginnt mit den fünf Büchern Mose (Pentateuch).	Die jüdische Thora ist identisch mit diesem Teil der Bibel. Es ist die Wurzel des Juden- und Christentums.
Buch Genesis		Dieses Buch handelt von der Erschaffung der Welt. Das Wort heißt übersetzt „Schöpfung".	Es ist das erste Buch der Bibel. Darin geht es um die Schöpfung sowie die Geschichte von Adam und Eva.
Buch Exodus		Dieses Buch stammt von Moses und handelt von der Flucht der Israeliten aus Ägypten.	Es ist das zweite Buch der Bibel. Es handelt davon, wie Gott das Volk Israel aus der Sklaverei der Ägypter befreit hat.
1. Buch der Könige		Das erste Buch handelt von der Herrschaft Davids und seines Sohnes Salomon. Es gibt auch noch ein zweites Buch.	Das erste Buch beschreibt, wie Salomon die Herrschaft seines Vaters David übernimmt.
Buch der Sprüche		Das Buch ist eine Sammlung von Lebensweisheiten und Reimen. Diese Sätze lassen sich gut merken. Viele stammen von König Salomon.	Das Buch gibt Anregungen für einen gesunden Menschenverstand. Ein Beispiel: „Man soll nicht am Ast sägen, auf dem man sitzt."

Rund um das Alte Testament

Begriff	Visualisierung	Erklärung 1	Erklärung 2
Moses		Er wurde von seiner Mutter in einem Weidekorb am Nil versteckt. Später empfing er von Gott die Zehn Gebote.	Eine ägyptische Königstochter fand ihn am Nil und rettete ihn. Gott machte ihm zum Führer des israelitischen Volkes.
Der brennende Dornbusch		Aus diesem Gestrüpp sprach Gott das erste Mal mit Moses. Es war umgeben von Feuerzungen, ohne zu verbrennen.	In den Feuerzungen war Gott gegenwärtig. Er möchte, dass Moses die Israeliten in das Gelobte Land namens Kanaan führt.
Erster / Salomonischer Tempel		Dieser Tempel wurde von König Salomon gebaut – als heiliger Ort zur Anbetung Gottes.	In diesem Gebäude befand sich die Bundeslade mit den großen Gesetzestafeln. Es bestand aus drei Teilen und stand in Jerusalem.
David		Er wird oft mit einer Harfe dargestellt. Auf dieser spielte er Lobgesänge. Diese werden auch Psalmen genannt.	Als Junge hatte er im Kampf den älteren und starken Riesen Goliath besiegt.
Jona		Gott möchte, dass er in die Stadt Ninive reist und dort den Untergang verkündet. Er landet im Bauch eines Walfisches.	Aus Angst vor Gott flüchtet er auf ein Schiff. Er stürzt ins Meer, wird jedoch von einem Walfisch verschluckt und somit gerettet.

Rund um das Alte Testament

1 Übertrage deine Kärtchen in die Felder.

2 Was ist dir bei der Partnersuche leicht gefallen? Was war schwer?

_____

_____

3 Erkläre, worum es im Buch Genesis geht.

_____

_____

4 Beschreibe, in welcher Form sich Gott Moses mitteilt.

_____

_____

5 Begründe, weshalb Moses die wohl wichtigste Person im Alten Testament ist.

_____

_____

6 Ordne die Personen (links) den Begriffen (rechts) zu.

Moses ○——————○ Psalmen

Jona ○——————○ Dornbusch

David ○——————○ Walfisch

Rund um das Neue Testament

Begriff	Visualisierung	Erklärung 1	Erklärung 2
Neues Testament		Es ist der zweite und jüngere Teil der Bibel. Es wird auch mit den Buchstaben NT abgekürzt.	Es beginnt mit dem Evangelium nach Matthäus und endet mit der Offenbarung des Johannes. Es wurde hauptsächlich auf Altgriechisch verfasst.
Evangelium		Der Begriff heißt übersetzt „gute Nachricht" oder „frohe Botschaft". Darin werden Leben und Wirken Jesus Christus nacherzählt.	Jeder Bericht ist nach einem Schreiber benannt. Es ist das wichtigste Buch im Gottesdienst und wird von einem Pult verlesen.
Evangelisten		Dies ist die Bezeichnung für die Schreiber der vier großen Bücher über Jesus. Alle berichten vom Leben und Wirken Jesu.	Es waren vier Buchschreiber namens Matthäus, Markus, Lukas und Johannes. Sie schrieben das Leben Jesu auf.
Paulus		Er unternahm viele Reisen und besuchte Gemeinden in Korinth und in Rom. Dort erzählte er von Jesus.	Er schrieb Briefe an verschiedene Gemeinden. Er war Missionar. Es ging ihm um das Verständnis für das noch junge Christentum.
Offenbarung des Johannes		In diesem Buch geht es um die Zukunft. Der Evangelist sah Dinge voraus und beschrieb das „Jüngste Gericht".	Das Buch wird auch „Apokalypse" genannt. Der Apostel beschreibt darin das Gericht Gottes und eine neue Welt.

Rund um das Neue Testament

Begriff	Visualisierung	Erklärung 1	Erklärung 2
Jesus		Er ist die wichtigste Person des Neuen Testaments. Johannes der Täufer taufte ihn im Jordan.	Er ist der Sohn Gottes. Das ganze Neue Testament berichtet von seinem Leben und Wirken.
Jünger		Sie folgten Jesus nach und begleiteten ihn. Die wichtigsten werden als die zwölf Apostel bezeichnet. Sie predigten auch von Gottes Liebe.	Sie hörten Jesus in Kafarnaum predigen und schlossen sich ihm an. Einige von ihnen waren Fischer.
Bergpredigt		Jesus stieg auf einen großen Hügel und erzählte den Menschen von der frohen Botschaft. Dabei sprach er oft das Wort „selig".	Viele Menschen strömten zu einem Hügel hinauf, um Jesus zu hören. Er erzählte ihnen, wie man ein vor Gott gutes Leben führen kann.
Auferstehung		Nachdem Jesus gekreuzigt und begraben worden war, verließ er sein Felsengrab. Er besiegte den Tod.	Jesus wurde nach der Kreuzigung in ein Grab gelegt. Am dritten Tag verließ er sein Grab und kehrte zu Gott.
Jerusalem		Die Stadt war das Zentrum der Gottesverehrung. Heute ist sie wichtig für drei Weltreligionen (Judentum, Christentum und Islam).	Dort zog Jesus mit einem Esel ein. Wenige Tage später wurde er dort gekreuzigt.

Rund um das Neue Testament

1 Übertrage deine Kärtchen in die Felder.

2 Was ist dir bei der Partnersuche leicht gefallen? Was war schwer?

_____

_____

3 Erkläre, woher wir die Informationen über das Leben Jesu haben.

_____

_____

4 Erkläre, weshalb die Jünger für Jesus Botschaft so wichtig waren.

_____

_____

5 Notiere in den Sprechblasen Fragen, die die Menschen an Jesus gerichtet haben könnten.

Steckbrief Jesu

Begriff	Visualisierung	Erklärung 1	Erklärung 2
Bethlehem		In dieser Stadt wurde Jesus in einem Stall geboren. Ein Stern führte die Weisen aus dem Morgenland dorthin.	Dies ist der Geburtsort von Jesus. Über dem Ort ging ein leuchtender Stern auf.
Maria und Josef		Sie waren die Eltern von Jesus. Der Vater war Zimmermann.	Weil Herodes alle Neugeborenen töten ließ, flohen sie mit Jesus nach Ägypten.
Hirten		Sie sahen ein helles Licht aufgehen. Vor ihnen erschien ein Engel und verkündete die Geburt Jesu.	Als ihnen ein Engel von der Geburt erzählte, eilten diese von ihren Feldern nach Bethlehem. Sie waren die ersten an der Krippe.
Heilige Drei Könige		Diese werden auch die Weisen aus dem Morgenland genannt. Ihre Namen lauten Caspar, Melchior und Balthasar.	Sie brachten Jesus Geschenke in Form von Gold, Weihrauch und Myrrhe mit.
Johannes der Täufer		Er taufte Jesus im Jordan. Der Himmel öffnete sich und der Heilige Geist erschien in Form einer Taube.	Er lebte als Einsiedler und rief die Menschen zur Umkehr auf. Er hatte große Ehrfurcht vor Jesus und taufte ihn.

Steckbrief Jesu

Begriff	Visualisierung	Erklärung 1	Erklärung 2
Christus	ΙΧΘΥΣ (Fisch-Symbol)	An den Vornamen Jesu wird häufig noch ein Beiname gesetzt. Er heißt übersetzt „der Gesalbte". Oft steht hierfür das Symbol des Fisches.	Das griechische Wort „christos" bedeutet „Gesalbter". Im Griechischen entspricht dies dem Wort Fisch.
Zimmermann		Wie sein Vater Josef lernte auch Jesus diesen Handwerksberuf. Er arbeitete in Nazareth und war jüdischen Glaubens.	Neben dem Beruf des Fischers war dies ein weitverbreiteter Beruf zur damaligen Zeit. Jesus übte diesen in Nazareth aus.
Jünger		Zwölf von ihnen gehörten zu Jesus engstem Freundeskreis. Sie verkündigten mit ihm die frohe Botschaft.	Sie erlebten bei einer Bootsfahrt, wie Jesus einen Sturm beruhigt hat. Sie waren von ihm begeistert und folgten ihm überallhin.
Letztes Abendmahl		Kurz vor seinem Tod lud Jesus seine Jünger in einen Saal ein. Dort brach er das Brot zum letzten Mal.	Jesus feierte ein Mahl mit seinen Jüngern kurz vor seinem Tod. Am Gründonnerstag wird besonders daran erinnert.
Golgotha		Hier wurde Jesus gekreuzigt. Der Ort liegt auf einem Hügel. Dort soll auch Adam begraben sein.	Dieser Ort lag damals noch außerhalb Jerusalems. Er wird auch „Schädelhöhe" genannt. Hier wurde Jesus gekreuzigt.

Steckbrief Jesu

1 Übertrage deine Kärtchen in die Felder.

2 Was ist dir bei der Partnersuche leicht gefallen? Was war schwer?

_____

_____

3 Vervollständige den Steckbrief Jesu.

Geburtsort: _____

Eltern: _____

Beiname: _____

Zeugen der Geburt: _____

Religionszugehörigkeit: _____

Aufgewachsen in: _____

Beruf: _____

Getauft von: _____

Freunde: _____

Hauptanliegen / Mission: _____

Letzte Zusammenkunft: _____

Sterbeort / Todesart: _____

Auferstehung: _____

Gleichnisse

Begriff	Visualisierung	Erklärung 1	Erklärung 2
Das Gleichnis vom verlorenen Sohn		In diesem Gleichnis geht es um einen verschwenderischen Sohn. Er verliert alles und hütet in der Ferne unreine Schweine.	In diesem Gleichnis geht es um zwei Söhne. Der eine zieht in die Ferne, der andere bleibt bei seinem Vater.
Jüngerer Sohn / Bruder		Der jüngere von zwei Brüdern zieht mit seinem Erbe in die Ferne und lebt dort zügellos.	Dieser Sohn verbraucht das ganze Geld und kommt reumütig zu seinem Vater zurück.
Älterer Sohn / Bruder		Der ältere von zwei Brüdern bleibt treu beim Vater.	Dieser Sohn ärgert sich sehr, als sein Bruder aus der Ferne zurückkehrt.
(Barmherziger) Vater		Von diesem Mann stammen die Worte „dein Bruder war verloren und ist wiedergefunden worden".	Dieser Mann freut sich so sehr über die Rückkehr seines jüngeren Sohnes, dass er ein Fest für ihn gibt.
Reue und Vergebung		Diese beiden Hauptwörter beschreiben die Botschaft des Gleichnisses vom verlorenen Sohn.	Die Botschaft des Gleichnisses besteht darin, dass, wer sein Versagen erkennt und umkehrt, auch Verzeihung bekommt.

Gleichnisse

Begriff	Visualisierung	Erklärung 1	Erklärung 2
Das Gleichnis vom barmherzigen Samariter		Dieses Gleichnis erzählt davon, wie ein Reisender überfallen wird und schwerverletzt liegen bleibt.	In diesem Gleichnis geht es um einen hilfsbedürftigen Mann, der nur von einer einzigen Person Hilfe bekommt.
Samariter		Obwohl er einer anderen Religionsgemeinschaft angehört, hilft er sofort dem Opfer.	Er hilft dem Opfer selbstlos. Er reinigt und umwickelt die Wunden des Opfers.
Priester		Dieser ist strenggläubig, doch trotzdem lässt er den Verletzten liegen.	Als dieser Mann den Verletzten am Boden liegen sieht, wechselt er einfach auf die andere Straßenseite.
Herberge		An diesen sicheren Ort bringt der Samariter den Verletzten.	Dorthin bringt der Samariter den Verletzten. Er gibt dem Wirt Geld für die Unterbringung.
Nächstenliebe / Selbstloses Handeln		Die Botschaft des Gleichnisses vom barmherzigen Samariter lautet, dass man Bedürftigen helfen soll.	Das Gleichnis besagt, dass man in der Not hilft. Dabei spielen Glaube oder Nationalität keine Rolle.

Gleichnisse

1 Übertrage deine Kärtchen in die Felder.

2 Was ist dir bei der Partnersuche leicht gefallen? Was war schwer?

_____

_____

3 Vervollständige den Lückentext mit den Wörtern der Wortreihe.

barmherzigen – verzeiht – Verletzten – Neuen – verlorenen – Nächstenliebe – bildlich – bereut – Jesus – Erzählung – Andersgläubiger – Sohn – Samariter

Ein Gleichnis ist eine kurze _____ . Sie dient dazu, einen Sachverhalt

_____ darzustellen, also wie eine Art Film. Diese findet man im

_____ Testament. Sie wurden von _____ erzählt, um

die Menschen nachdenklich zu machen. Zu den bekannten Erzählungen gehören

„Das Gleichnis vom _____ Sohn" und „Das Gleichnis vom _____

Samariter". Bei der Erzählung vom verlorenen _____ geht es darum,

wie ein Vater seinem Sohn _____ und ihn in die Arme schließt. Der Sohn

hat sein zügelloses Leben _____ . Beim Gleichnis vom barmherzigen

_____ geht es darum, wie ein _____ einem

_____ spontan hilft. Hier geht es um _____ ,

egal welcher Religion oder Nationalität man angehört.

4 Überlege, wie du in der Schule zum „barmherzigen Samariter" werden könntest.

Heilungs- und Wundergeschichten

Begriff	Visualisierung	Erklärung 1	Erklärung 2
Speisung der Fünftausend / Wunderbare Brotvermehrung		In dieser Geschichte geht es darum, wie Jesus aus wenig Nahrung plötzlich ganz viel machte.	In dieser Erzählung wird berichtet, wie Jesus 5 000 hungrige Menschen sättigen konnte.
Menschenmenge		Die Jünger waren völlig überrascht, dass so viele Leute kamen, um Jesus zu hören.	Eigentlich wollte Jesus ein wenig Ruhe haben. Plötzlich kamen unzählige von Zuhörern.
Fünf Brote und zwei Fische		Als es Abend wurde, konnte Jesus allein mit diesen Nahrungsmitteln alle Menschen mit Essen versorgen.	Die Menschenmenge hatte großen Hunger. Es gab aber nur diese wenigen Nahrungsmittel.
Segen		Dies ist das Erheben der Hände zum Himmel. Gott wird dabei um Hilfe gebeten.	Mit Gottes Hilfe wurden von den fünf Broten und zwei Fischen alle Zuhörer satt. Es blieben noch zwölf Körbe Brot übrig.
Teilen		Bei diesem Wunder geht es darum, dass Gott für alle sorgt, wenn die Menschen etwas abgeben.	Das wahre Wunder liegt in der Haltung der Menschen: Sie geben etwas ab und alle haben genug.

Heilungs- und Wundergeschichten

Begriff	Visualisierung	Erklärung 1	Erklärung 2
Heilung des Blinden		In dieser Geschichte geht es darum, wie Jesus dem erkrankten Bartimäus wieder das Augenlicht verschafft.	In dieser Erzählung hilft Jesus einem kranken Menschen namens Bartimäus, sodass dieser wieder sehen kann.
Ausgegrenzt		Dieses Wort bezeichnet die Ablehnung von Menschen in der Gesellschaft.	Dieses Wort beschreibt, wenn Menschen nicht Teil einer Gemeinschaft sein können. Behinderte Menschen erleben dies manchmal.
Rufen		Der Mensch in Not bleibt nicht still. Er spürt, dass Jesus in der Nähe ist, und macht mit seiner Stimme auf sich aufmerksam.	Dieses Wort ist das Gegenteil von schweigen. Damit machten die Israeliten in ihrer Not auf sich aufmerksam.
Berühren		Neben dem Segen ist dies eine wichtige Handlung, die Jesus bei kranken Menschen machte.	Diese Handlung ist für Jesus ganz wichtig. Damit drückt er die Nähe zu seinen Mitmenschen aus.
Man sieht nur mit dem Herzen gut.		Dieser Satz steht im Buch „Der kleine Prinz". Nur wer im Herzen aufrichtig ist, kann wirklich sehen.	Mit diesem Zitat ist gemeint: Wer aufrichtig vor Gott ist, dem werden die Augen geöffnet.

Heilungs- und Wundergeschichten

1 Übertrage deine Kärtchen in die Felder.

2 Was ist dir bei der Partnersuche leicht gefallen? Was war schwer?

_____

_____

3 Erkläre den Unterschied zwischen einer Heilungs- und einer Wundergeschichte.

_____

_____

_____

4 a) Welche Handlung Jesu ist bei einer Wundergeschichte wichtig?

_____

b) Welche Handlung Jesu ist bei einer Heilungsgeschichte wichtig?

_____

5 Erläutere, wer die eigentlich „Blinden" in der Heilungsgeschichte vom blinden Bartimäus sind.

_____

_____

_____

6 Welche Heilungsgeschichte könnte hier dargestellt sein?

Entstehung und Organisation der Kirche

Begriff	Visualisierung	Erklärung 1	Erklärung 2
Jesus Christus		Er gilt als Gottes Sohn und starb am Kreuz.	Er ist das Sinnbild der Kirche und starb am Kreuz. Am dritten Tage ist er von den Toten auferstanden.
Kreuz		Es ist das Symbol aller Christen. Es wird von allen Menschen verstanden.	Es erinnert an Jesus Christus, der daran gestorben ist. Für alle Christen ist es das wichtigste Symbol.
Petrus		Er steht in der direkten Nachfolge von Christus. Ihm übergab Jesus die Schlüssel zum Himmelreich.	Er ist der Nachfolger von Jesus und hat die Himmelsschlüssel. Sein Name bedeutet „Fels".
Papst		Er lebt in Rom und steht an der Spitze der römisch-katholischen Kirche.	Er steht in der Nachfolge von Petrus und ist das Oberhaupt der römisch-katholischen Kirche.
Petersdom		Es ist die größte Kirche der Welt und befindet sich in Rom.	In dieser Kathedrale feiert der Papst die Heilige Messe. In der Gruft befindet sich das Grab von Petrus.

Entstehung und Organisation der Kirche

Begriff	Visualisierung	Erklärung 1	Erklärung 2
Kardinäle		Sie sind neben dem Papst die mächtigsten Geistlichen in der Kirche.	Sie wählen den Papst und stehen im Rang höher als ein Bischof. Sie tragen rote Hüte.
Bischof		Dieser leitet ein Bistum. Man erkennt ihn an Stab und Mütze (Mitra).	Dieser ist wie ein Hirte, der auf die Schafe aufpasst. Seine Kirche heißt Dom.
Pfarrer		Dieser wird von einem Bischof zum Priester geweiht. Die Weihe ist ein Sakrament.	Dieser leitet eine Gemeinde und feiert mit ihr die Eucharistie.
Diakon		Er ist im Rang unter einem Pfarrer. Auch er wird von einem Bischof geweiht.	Seine Hauptaufgabe ist die Verkündigung des Evangeliums. Er ist auf der Vorstufe zum Pfarrer.
Pastoralreferent/in oder Gemeindereferent/in		Diese Berufe können auch Frauen ausüben, z. B. in der Seelsorge arbeiten und Gemeindearbeit leisten.	Diese Berufe üben Männer und Frauen ohne Weihe aus. Auch sie sind Seelsorger.

Entstehung und Organisation der Kirche

1 Übertrage deine Kärtchen in die Felder.

2 Was ist dir bei der Partnersuche leicht gefallen? Was war schwer?

_____

_____

3 Beschreibe die Aufgaben des Papstes als Nachfolger von Jesus Christus.

_____

_____

4 Welche kirchliche Personen dürfen den Papst wählen? Erkläre.

_____

_____

5 Erkläre, weshalb das Kreuz für Christen so wichtig ist.

_____

_____

6 Erkläre, wer auf der Briefmarke vom wem die Leitung übertragen bekommt.

Sakramente

Begriff	Visualisierung	Erklärung 1	Erklärung 2
Sakrament		Dies ist eine heilige Handlung, die ein Christ im Laufe seines Leben erhalten kann. Hierzu zählt die Taufe.	In der katholischen Kirche gibt es sieben davon, in der evangelischen nur zwei: die Taufe und das Abendmahl.
Taufe		Dies ist das erste Sakrament. Dadurch wird man Christ und gehört zur christlichen Kirche.	Mit diesem Sakrament wird man in die christliche Kirche aufgenommen. Jesus erlangte dies im Jordan.
Taufkerze		Diese erinnert an das Licht der Osternacht. Gott ist Anfang und Ende der Welt.	Sie erinnert an den auferstandenen Christus. Er ist das Licht der Welt. Wir bleiben nicht in der Finsternis.
Taufwasser		Damit wird der Täufling übergossen. Es steht für Reinheit und erinnert an die Taufe Jesu im Jordan.	Es wird drei Mal nacheinander über den Täufling gegossen. Es erinnert auch daran, wie Gott die Israeliten durchs Meer führte.
Chrisam		Dies ist ein Salböl. Es soll andeuten, dass Christus wie eine Salbe in uns einzieht.	Dieses Salböl erinnert an Christus, den Gesalbten. Wie der Heilige Geist soll auch Christus in uns Einzug halten.

Sakramente

Begriff	Visualisierung	Erklärung 1	Erklärung 2
Kommunion		Dieses Sakrament folgt nach der Taufe. Bei der Eucharistiefeier darf man nun die Hostie empfangen.	Dieses Sakrament wird am Weißen Sonntag gespendet. Die Kinder haben alle eine Kerze in der Hand.
Ehe		Wenn zwei Menschen zueinander Ja sagen, dann wird Gottes Liebe sichtbar. Das verdeutlichen die Ringe.	Sie gilt als Abbild des Bundes zwischen Christus und seiner Kirche. Ein Bischof trägt deshalb einen Ring.
Leib Christi		In diesem Brot ist Christus gegenwärtig. Es erinnert an den Körper des am Kreuz gestorbenen Jesus.	Anstelle eines Stück Brotes bekommt man eine Hostie. Sie wurde vom Priester geweiht. Darin ist Christus gegenwärtig.
Blut Christi		Beim letzten Abendmahl nahm Jesus den Wein. Der Priester trinkt es aus einem großen Kelch als Zeichen seiner Gegenwart.	Als Jesus am Kreuze starb, floss dieses aus seiner Wunde. Es ist Zeichen, dass er für uns alle sein Leben gegeben hat.
Firmung		Der Firmling wird mit Chrisam gesalbt, ähnlich wie bei der Taufe. Er wird besiegelt mit dem Heiligen Geist.	Der Begriff stammt vom lateinischen Wort „confirmare", weil der Firmling seinen Glauben „bestätigt".

Sakramente

1 Übertrage deine Kärtchen in die Felder.

2 Was ist dir bei der Partnersuche leicht gefallen? Was war schwer?

_____

_____

3 Vervollständige den Lückentext. Benutze folgende Begriffe:

Christen – Jesu – Kommunion – Hostie – Taufwasser – erste – Reinheit – Christus – Leib – Chrisam – Blut

Die Taufe ist das _____ Sakrament der Kirche. Damit wird man zum

_____ . Das Übergießen mit dem _____ erinnert an die

Taufe _____ im Jordan. Es steht auch für _____ .

Die Salbung mit _____ bringt zum Ausdruck, dass _____ wie

eine Salbe in uns einzieht. Nach der Taufe erfolgt das Sakrament der _____ .

Man empfängt Christus in Form einer _____ als _____ Christi.

Der Wein erinnert an das _____ Christi.

4 Deute das Bildmotiv.

_____

_____

_____

Heilige als Vorbilder im Glauben

Begriff	Visualisierung	Erklärung 1	Erklärung 2
Heilige		Diese Menschen sind im Glauben vorausgegangen. Sie haben vorbildlich gelebt und waren herausragend.	Sie folgten Jesus nach und verkündeten die frohe Botschaft. Oft wurden sie verfolgt und auch hingerichtet.
Heiliger Martin		Er war römischer Soldat und wird stets mit Pferd, Schwert und Mantel dargestellt.	Er teilte seinen Mantel und gab ihn einem Bettler. Er bewahrte ihn dadurch vor dem Tod durch Erfrieren.
Heiliger Nikolaus		Er war Bischof von Tours und wird mit Bischofsmütze, Stab und mit drei Geldstücken dargestellt.	Er rettete ein Schiff in Seenot und schenkte einem armen Vater Geld zur Ausrichtung einer Hochzeit.
Heilige Barbara		Sie wird mit einem Kirschzweig und einem Turm dargestellt. Auch wenn diese Zweige abgeschnitten werden, blühen sie weiter.	Sie wurde vom eigenen Vater in einen Turm gesperrt und wegen ihrer Liebe zum christlichen Glauben gefoltert und hingerichtet.
Heiliger Petrus		Er wird mit einem Schlüssel dargestellt. Damit soll der Himmel aufgeschlossen werden.	Er übernahm die Nachfolge Jesu. Obwohl er Jesus drei Mal verleugnet hatte, wurde er für ihn zum wichtigsten Apostel.

Heilige als Vorbilder im Glauben

Begriff	Visualisierung	Erklärung 1	Erklärung 2
Heilige Elisabeth		Sie wird meist mit Brot dargestellt; oft auch, wie sie armen Menschen zu essen gibt.	Sie war eine Fürstin und setzte sich immer wieder für Arme und Kranke ein. Heimlich brachte sie Hungernden Brot.
Heiliger Stephanus		Er wird meist in gebückter Haltung dargestellt. Oft hat er einen Stein in der Hand und blickt hoffnungsvoll zum Himmel.	Er sollte seinen Glauben verleugnen. Das tat er nicht und sagte: „Ich sehe den Himmel offen."
Heiliger Christophorus		Er wird üblicherweise mit einem Stab dargestellt. Außerdem sitzt der kleine Jesus auf seinen Schultern.	Er trug einst Reisende über einen Fluss. Auch trug er den kleinen Jesus über den Fluss und erkannte diesen als Christus.
Heiliger Franziskus		Er wird meist mit Tieren dargestellt, da er der Natur sehr verbunden war. Er liebte die Einfachheit.	Er gab seinem Vater die kostbaren Kleider und den gesamten Besitz zurück, um in Armut zu leben.
Heiliger Bartholomäus		Er wird oft mit einem Messer und der Bibel dargestellt.	Er verkündete die frohe Botschaft und bekehrte die Menschen zum Christentum. Dafür hat man ihn gehäutet und ermordet.

Heilige als Vorbilder im Glauben

1 Übertrage deine Kärtchen in die Felder.

2 Was ist dir bei der Partnersuche leicht gefallen? Was war schwer?

_____

_____

3 Erkläre den Begriff „Heiliger".

_____

_____

4 Erkläre, weshalb Heilige für die Menschen im Glauben so wichtig sind.

_____

_____

_____

5 Welchen Heiligen bzw. welche Heilige findest du bemerkenswert? Begründe.

_____

_____

6 Vergleiche Heilige mit heutigen Stars (z. B. Fußballer / Popsänger / Influencer).

_____

_____

Reformator Martin Luther

Begriff	Visualisierung	Erklärung 1	Erklärung 2
Martin Luther		Er gilt als der Kritiker der Kirche. Er wollte die katholische Kirche reformieren, d. h. verändern.	Er war Augustinermönch und übte Kritik an der Kirche. Als Folge daraus entstand die protestantische Kirche.
Gewitter		Eine Naturgewalt führte dazu, dass Luther schwor, Mönch zu werden. Nach diesem Erlebnis trat er in den Augustinerorden ein.	Auf dem Heimweg bekam Luther wegen Blitz und Donner Angst um sein Leben. Er flehte Gott um Hilfe an.
Augustinerorden		Luther trat in diesen Orden ein. Die Mönche trugen eine auffällige Frisur: einen Kranz aus Haaren um den kahlrasierten Kopf.	Dieser Mönchsorden wurde nach dem Kirchenvater Augustinus von Hippo benannt. Es gibt außerdem noch die Franziskaner und Dominikaner.
Reise nach Rom		Luther unternahm eine Reise in die Stadt des Papstes. Dort erlebte er eine zügellose Kirche.	Bei einer Reise in die Hauptstadt Italiens schämte sich Luther für den Zustand der Kirche. Im Vatikan ging es gottlos zu.
Turmerlebnis		Damit bezeichnet man ein besonderes Erlebnis, das Luther in seiner Stube in einem hohen Bauwerk hatte.	Dieses besondere Erlebnis öffnete Luther die Augen. Er erkannte, dass Gott kein strafender, sondern ein barmherziger Gott ist.

Reformator Martin Luther

Begriff	Visualisierung	Erklärung 1	Erklärung 2
Ablasshandel		Luther kritisierte einen besonderen Handel der Kirche: Die Gläubigen konnten zur Vergebung der Sünden einen Geldbetrag zahlen.	Die Kirche machte im Mittelalter ein Geldgeschäft mit den Sünden der Menschen. Das hatte Luther erzürnt.
95 Thesen		Dies sind Gedanken zur Auffassung des Glaubens. Luther hat diese an eine Kirchentür angeschlagen.	Seine Kritik hatte Luther zuerst in einem Brief an den Mainzer Erzbischof geschrieben, bevor sie öffentlich gemacht wurde.
Kirchenportal		Seine 95 Thesen hatte Luther an die Tür einer Kirche in Wittenberg angebracht.	Luther schlug seine Gedanken in 95 Thesen an einen Teil der Wittenberger Schlosskirche.
Wartburg		Die katholische Kirche war über Luther verärgert und verfolgte ihn. Ihm wurde auf der Burg von Kurfürst Friedrich Schutz gewährt.	Luther erhielt hier Schutz vor der katholischen Kirche. Dort fand er Zeit, um die Bibel ins Deutsche zu übersetzen.
Lutherbibel		Luther übersetzte die Heilige Schrift vom Lateinischen ins Deutsche. Dieses Buch war sein Lebenswerk.	Nachdem Luther die Heilige Schrift vom Lateinischen ins Deutsche übersetzt hatte, konnten plötzlich viele Gottes Wort nachlesen.

Reformator Martin Luther

1 Übertrage deine Kärtchen in die Felder.

2 Was ist dir bei der Partnersuche leicht gefallen? Was war schwer?

_____

_____

3 Vervollständige den Steckbrief zu Martin Luther.

Beruf: _____

Ordensgemeinschaft: _____

Grund für den Eintritt: _____

Eindruck seiner Romreise: _____

Erkenntnis des Turmerlebnisses: _____

Hauptkritik an der Kirche: _____

Gedanken zum Glauben: _____

Aushang seiner Thesen: _____

Freunde: _____

Zufluchtsort: _____

Lebenswerk: _____

4 Beurteile Martin Luthers kritischen Umgang mit der katholischen Kirche.

_____

_____

Gotteshaus und Kirchenraum

Begriff	Visualisierung	Erklärung 1	Erklärung 2
Kirchen		Diese sind Orte, wo sich Menschen zum Gebet und zum Gottesdienst treffen.	Sie werden auch als „Haus Gottes" bezeichnet. Hier ist man ihm sehr nah.
Dom (Kathedrale)		Damit ist ein sehr großes Kirchengebäude gemeint. Dort hat der Bischof seinen Sitz.	Diese gibt es oft in großen Städten. In Rom ist z.B. der Petersdom der Sitz des Papstes.
Kölner Dom		Dieses Kirchengebäude ist das größte in Deutschland. Die beiden Türme sind das Wahrzeichen der Stadt Köln.	Dort sollen die Gebeine der Heiligen Drei Könige liegen. Der Baustil wird Gotik genannt.
Kirchturm		Dieses Gebäudeteil ist meistens das höchste. Dort hängen auch die Glocken.	Das Gebäudeteil ähnelt einem Zeigefinger, der zu Gott hin deutet.
Kirchenportal		Dieses Gebäudeteil ist eine große Tür und lädt zum Eintreten ein.	Durch das Eintreten gelangt man in den religiösen Bereich. Es ist die „Schwelle" zum Glauben.

Gotteshaus und Kirchenraum

Begriff	Visualisierung	Erklärung 1	Erklärung 2
Taufbecken		Hier geschieht die Taufe. Mit dieser wird man Christ und gehört zur Gemeinschaft.	Das Taufwasser bedeutet Reinheit. Das Symbol der Taube verweist auf den Geist Gottes.
Altar		Hier feiert die Gemeinde Eucharistie und gedenkt Jesus in Brot und Wein.	Er ist der Mittelpunkt oder zentrale Ort der Kirche. Dort ist Christus mitten unter den Menschen.
Kirchenschiff		Damit ist der Raum gemeint, in dem die Gläubigen Platz nehmen, beten, stehen und knien.	Der Raum erinnert an ein Boot. Die Menschen sind unterwegs zu Gott.
Kreuz		Dieses Symbol erinnert an den Tod Jesu und ist das wichtigste Zeichen der Christen.	Dieses Symbol gibt die Hoffnung auf Auferstehung und fordert dazu auf, Christus nachzufolgen.
Fenster und Gewölbe		Durch das Glas kommt Licht in den Raum. Die Decke ist oft sehr kunstvoll gestaltet.	Das Licht steht für Wärme und Orientierung. Die Decke erinnert an den Himmel.

Gotteshaus und Kirchenraum

1 Übertrage deine Kärtchen in die Felder.

2 Was ist dir bei der Partnersuche leicht gefallen? Was war schwer?

_____

_____

3 Erläutere, welche Funktion eine Kirche hat.

_____

_____

4 Erkläre, weshalb eine kleine Kirche genauso wichtig ist wie ein großer Dom.

_____

_____

_____

5 Gestalte das Kirchenfenster bunt.

Symbole des Glaubens

Begriff	Visualisierung	Erklärung 1	Erklärung 2
Symbole		Dies sind mehrdeutige Zeichen. Sie werden nur als Bild dargestellt.	Das sind bildliche Erklärungen für bestimmte Begriffe.
Kreuz		Es ist das wichtigste Symbol der Christen.	Es erinnert an den Tod Jesu. Für die Christen ist es von sehr großer Bedeutung.
Wasser		Es steht für das Leben und die Reinheit vor Gott. Es erinnert an die Taufe Jesu.	Es ist erfrischend und reinigend. Durch die Taufe wird den Menschen neues Leben geschenkt.
Feuer		Es steht für Wärme und Licht. An Pfingsten leuchteten kleine Flammen über den Köpfen der Jünger.	Es ist erinnert an Gott und an Jesus als Lichtbringer. Es kann Wärme, aber auch Vernichtung bringen.
Lamm		Es ist ein Opfertier und erinnert an den Opfertod Jesu.	Es wird oft mit einer Fahne dargestellt und erinnert an die Auferstehung Jesu nach dem Opfertod am Kreuz.

Symbole des Glaubens

Begriff	Visualisierung	Erklärung 1	Erklärung 2
Taube		Sie steht für Frieden, aber auch für den Heiligen Geist.	Bei der Taufe Jesu schwebte diese in Form des Heiligen Geistes über dem Wasser.
Fisch		Er ist ein uraltes Geheimsymbol der Christen. Der Kopf zeigte einst den Weg zum geheimen Treffpunkt in den Katakomben.	Neben Wasser und Taube gehört es zu den wichtigsten Symbolen der Taufe. Es verweist auf die Apostel als „Menschenfischer".
Weinstock		An diesem hängen und wachsen die Trauben. Er erinnert an Jesus und sein vergossenes Blut.	Er erinnert an Jesus, denn sein Leben wurde wie eine Traube ausgepresst. Der Saft gibt aber Leben.
Labyrinth		Es wird auch Irrgarten genannt. Gott hilft uns, auf dem Weg zu bleiben.	Es steht für das Leben der Menschen. Wer glaubt, der wird nicht in die Irre laufen.
Sonne		Sie steht für Wärme und Licht. Ohne sie gibt es kein Leben auf der Erde.	Gott ist der Kreis, Christus die Strahlen. Christus hat mit der Auferstehung die Finsternis besiegt.

Symbole des Glaubens

1 Übertrage deine Kärtchen in die Felder.

2 Was ist dir bei der Partnersuche leicht gefallen? Was war schwer?

_____
_____

3 Erkläre, was man unter einem Symbol versteht.

_____

4 Beschreibe das wichtigste Symbol der Christen.

_____
_____

5 Erkläre das Symbol des „Wassers".

_____
_____

6 Es gibt noch weitere Symbole. Erkläre eines der Symbole.

 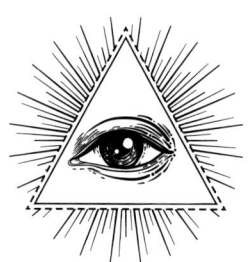 

Das Kirchenjahr

Begriff	Visualisierung	Erklärung 1	Erklärung 2
Adventszeit		Mit dem ersten Sonntag dieser Zeit beginnt das Kirchenjahr. Kerzen werden Woche für Woche entzündet.	Mit dieser Zeit beginnt das Kirchenjahr. Oft ist dies Anfang Dezember.
Weihnachtszeit		Diese Zeit beginnt mit der Christmette und dauert bis zur Taufe des Herrn. Sie erinnert an die Geburt Jesu.	In dieser Zeit werden Tannenbäume festlich geschmückt und Krippen aufgebaut. Man feiert die Geburt Jesu.
Fastenzeit		Diese Zeit bereitet auf das Osterfest vor. Man isst weniger als sonst. Sie ist eine Bußzeit.	Die Zeit beginnt mit dem Aschermittwoch und dauert 40 Tage. Diese Zeit erinnert an Jesus in der Wüste.
Osterzeit		Diese Zeit beginnt mit dem Fest der Auferstehung Christi von den Toten. Sie folgt auf die Fastenzeit.	Es wird in der Nacht mit einem Feuer gefeiert. Das Licht besiegt die Dunkelheit.
Pfingsten		Mit diesem Fest endet die Osterzeit. Es erinnert an die Aussendung des Heiligen Geistes auf die Jünger Jesu.	Das Fest wird auch als Gründungstag der Kirche bezeichnet. Petrus führte die Kirche Christi fort. Über den Jüngern waren Feuerzungen.

Das Kirchenjahr

Begriff	Visualisierung	Erklärung 1	Erklärung 2
Fronleichnam		Dieses Fest kommt unmittelbar nach Pfingsten. Es ist das Fest des Leibes und Blutes Christi.	Bei diesem Fest gibt es eine große Prozession durch die Gemeinde. Das heilige Brot wird durch die Straßen getragen.
Kirchweih		Jede Kirche hat einen Patron. Diese haben einen bestimmten Festtag, der gefeiert wird.	Das Fest erinnert an die Weihe der Kirche. Diese ist nach einem Heiligen benannt, der einen festen Erinnerungstag hat.
Aschermittwoch		Mit diesem Tag beginnt die Fastenzeit. Die Gläubigen erhalten ein Aschekreuz auf die Stirn.	Dieser Tag erinnert an die Vergänglichkeit. Das Kreuz auf der Stirn soll zu Buße und Umkehr aufrufen.
Palmsonntag		Das Fest erinnert an den Einzug Jesu auf einem Esel in Jerusalem.	Zu diesem Fest werden Palmbüschel gebunden. Damit wurde Jesus beim Einzug nach Jerusalem zugejubelt.
Karfreitag		Dieser Tag erinnert an den Tod Jesu am Kreuz. Dieser Tag gehört zu den österlichen drei Tagen.	Der Tag erinnert an die Demütigung und Kreuzigung Jesu. Die Glocken läuten nicht. Die Kirche trauert.

Das Kirchenjahr

1 Übertrage deine Kärtchen in die Felder.

2 Was ist dir bei der Partnersuche leicht gefallen? Was war schwer?

_____

_____

3 Erkläre, warum das Kirchenjahr nicht mit dem Kalenderjahr übereinstimmt.

_____

4 a) Welches große Ereignis wird in der Osterzeit gefeiert?

_____

b) Mit welchem besonderen Tag beginnt die Fastenzeit?

_____

c) Welcher Tag gilt als traurigster Tag für die Kirche?

_____

5 Begründe, weshalb die Kirche jedes Jahr dieselben Feste feiert.

_____

_____

6 Was ist dein Lieblingsfest? Begründe.

_____

Brauchtum – lebendiger Glaube

Begriff	Visualisierung	Erklärung 1	Erklärung 2
Adventskranz		Auf diesem sind vier Kerzen angebracht. Er zeigt die Wochen bis Weihnachten an.	An diesem werden vier Kerzen nacheinander angezündet. Gott kommt immer näher und vertreibt die Finsternis.
Nikolaustag		Die Kinder stellen am Vorabend leere Stiefel oder Teller vor die Haustür. Am nächsten Morgen sind sie mit Mandarinen und Süßigkeiten gefüllt.	Häufig besucht der Heilige Nikolaus mit seinem Knecht Ruprecht persönlich die Kinder zu Hause.
Barbarazweige		Man schneidet diese Äste von Kirschbäumen ab und stellt sie in eine Vase. Vor Weihnachten fangen diese an zu blühen.	Diese blühenden Äste erinnern an eine Heilige, die von ihrem Vater hingerichtet worden war.
Weihnachtskrippe		Diese erinnert an die Geburt Jesu. Viele Figuren stellen das Ereignis nach.	Hier wird die Geburt Jesu nachgestellt. Hierzu zählen das Jesuskind, Maria, Josef und Hirten.
Christbaum		Der Baum steht für Lebenskraft. Er wird zu Weihnachten schön geschmückt.	Dieser besondere Baum erinnert an Christus, der uns Lebenskraft schenkt.

Brauchtum – lebendiger Glaube

Begriff	Visualisierung	Erklärung 1	Erklärung 2
Blasiussegen		Dieser besondere Segen wird mit zwei Kerzen gespendet. Er erinnert daran, wie ein Heiliger einem halserkrankten Kind geholfen hat.	Dieser besondere Segen wird immer am Fest Mariä Lichtmess gespendet. Dazu werden zwei Kerzen vor das Gesicht gehalten.
Aschekreuz		Dieses Zeichen wird an einem Mittwoch auf die Stirn gezeichnet. Damit endet die Faschingszeit und es beginnt die Fastenzeit.	Man erhält dieses Zeichen auf die Stirn. Es erinnert daran, dass das Leben vergänglich ist.
Ostereier		Diese werden häufig bunt angemalt. Sie erinnern an die Auferstehung.	Diese werden in der Kirche gesegnet. Sie stehen für neues Leben.
Erntedank		Dieses Fest ist immer am ersten Sonntag im Oktober. Die Menschen bedanken sich bei Gott für die tägliche Nahrung.	An diesem Tag werden vor dem Altar Gemüse, Obst, Brot und Getreide aufgebaut. Als Zeichen der Dankbarkeit für Gottes Gaben.
Kirchweih / Kirmes		Dieses Fest wird zur Weihe einer Kirche gefeiert. Außerhalb der Kirche gibt es oft einen Rummelplatz und einen großen Baum.	An diesem Tag feiert die Gemeinde ihren Patron. Vor der Kirche gibt es einen festlichen Baum und Musik.

Brauchtum – lebendiger Glaube

1 Übertrage deine Kärtchen in die Felder.

2 Was ist dir bei der Partnersuche leicht gefallen? Was war schwer?

_____

_____

3 Überlege, welchen Sinn das Brauchtum hat, z. B. der Adventskranz.

_____

4 Erkläre das Brauchtum der „Weihnachtskrippe".

_____

_____

5 Welcher Brauch findet am Aschermittwoch statt?

_____

_____

6 Setzte die passenden Begriffe hinter die Erklärungen zum jeweiligen Brauchtum:

Kräutersegnung – Wallfahrt – Palmweihe

Erklärung	Brauchtum (Begriff)
Gläubige pilgern singend und betend zu Fuß zu einer Wallfahrtskirche, um dort einen Heiligen zu verehren.	
Palmzweige werden zu Büschen gebündelt und bei einer Palmsonntagsprozession um die Kirche getragen.	
Zu Ehren Marias werden am Fest Mariä Himmelfahrt getrocknete Kräuter geweiht. Sie sollen Gesundheit verleihen.	

Das Judentum

Begriff	Visualisierung	Erklärung 1	Erklärung 2
Thora		Dies ist ein Teil der Heiligen Schrift und enthält die fünf Bücher Mose.	Darin stehen die Worte, die Moses auf dem Berg Sinai von Gott empfing. Die Seiten sind auf eine Rolle gespannt.
Juden		So bezeichnet man die gläubigen Menschen dieser Religion.	Dies sind Angehörige der Religionsgemeinschaft.
Kippa		Dies ist die Kopfbedeckung eines männlichen Juden.	Sie ist verziert, aus Stoff oder Leder und wird vor allem zum Gebet getragen.
Rabbiner		Dies ist die Bezeichnung für einen jüdischen Geistlichen und Gelehrten.	Dies ist der Seelsorger einer jüdischen Gemeinde. Er weiß alles über die Thora und steht dem Gottesdienst vor.
Synagoge		Dies ist das jüdische Gotteshaus. Hier feiert die Gemeinde den Gottesdienst.	In diesem Gebäude wird viel gebetet und gesungen. Dort befinden sich auch die Thora-Rollen.

Das Judentum

Begriff	Visualisierung	Erklärung 1	Erklärung 2
Abraham		Er kam mit seiner Familie nach Kanaan, dem heutigen Israel. Er gilt als Urvater Israels.	Gott schloss mit ihm einen Bund. Beinahe hätte er seinen Sohn Isaak für Gott geopfert.
Menora		Dieser siebenarmige Leuchter erinnert an die Einrichtung des Ersten Tempels in Jerusalem.	Dieser Leuchter hat sieben Arme. Er zählt zu den wichtigsten Symbolen des Judentums.
Chanukka		Das Fest ist ein Lichterfest. Dabei wird ein neunarmiger Leuchter angezündet und es gibt auch Leckereien.	Es findet immer am 25. Tag des Monats Kislew (November/Dezember) statt. Es ist ein Lichterfest. Insgesamt dauert es acht Tage.
Pessach		Dieses Fest erinnert an die Befreiung der Israeliten aus der Sklaverei. Hierzu wird ungesäuertes Brot (Matzen) gegessen.	Es erinnert an den Auszug der Israeliten aus Ägypten. Damals konnte man in der Eile keinen Sauerteig backen.
Klagemauer		Diese Mauer befindet sich in Jerusalem. Dorthin pilgern die Gläubigen, um zu beten und klagen.	Diese war einmal ein Teil des Jerusalemer Tempels. Die Gläubigen stecken kleine Zettel in die Steinritzen.

Das Judentum

1 Übertrage deine Kärtchen in die Felder.

2 Was ist dir bei der Partnersuche leicht gefallen? Was war schwer?

_____

_____

3 Erkläre, weshalb die Thora sowohl für Juden als auch für Christen bedeutend ist.

_____

4 Stelle das Christentum dem Judentum gegenüber.
Ergänze hierzu die Tabelle, indem du vergleichbare fehlende Begriffe einsetzt.

Bezeichnung	Gläubige	Heilige Schrift	Symbol	Gotteshaus	Fest
Christentum			Taube		Adventszeit
Judentum					

5 Zu welchem jüdischen Fest gehört die Abbildung? Erkläre auch das Fest.

_____

_____

_____

_____

Der Islam

Begriff	Visualisierung	Erklärung 1	Erklärung 2
Koran		Dies ist die Heilige Schrift des Islams. Die Christen haben die Bibel, die Juden die Thora.	Das wichtigste Buch der Muslime wurde vom Propheten Mohammed verfasst.
Allah		So bezeichnen Muslime ihren Gott.	Muslime glauben nur an einen Gott. Sein Name wird oft kunstvoll geschrieben.
Mohammed		Er ist der Begründer des Islams und wurde in Mekka geboren.	Er gilt als der größte, muslimische Prophet. Mit dem Koran wurde ihm das Wort Allahs offenbar.
Moschee		Dies ist das Gotteshaus der Muslime.	Beim Eintritt in dieses Gotteshaus müssen alle ihre Schuhe ausziehen. Meist wird auch eine rituelle Waschung vollzogen.
Muslime		So bezeichnet man die muslimischen Gläubigen. Auch sie verehren Abraham, Moses und Jesus als Propheten Allahs.	Nach den Christen sind sie die zweitgrößte Religionsgemeinschaft der Welt.

Der Islam

Begriff	Visualisierung	Erklärung 1	Erklärung 2
Fünf Säulen		Man sagt auch Pflichten dazu. Eine Pflicht ist das Fasten, eine andere die Almosengabe.	Wie ein Gebäude stützt sich der Islam auf fünf wichtige Grundsätze. Sie entsprechen den Fingern einer Hand.
Ramadan		Dies ist der Name für den Fastenmonat. Nur nachts darf man essen. Tagsüber ist fasten angesagt.	In diesem Fastenmonat wird von der Morgendämmerung bis zum Beginn der Nacht gefastet.
Mekka		Jeder Muslim sollte einmal in seinem Leben dorthin pilgern. Dort steht das Heiligtum, die „Kaaba".	Dies ist die große Pilgerstadt der Muslime, die nur von Muslimen betreten werden darf.
Zuckerfest		Dieses Fest wird am Ende des Fastenmonats Ramadan gefeiert. Es gibt köstliche Leckereien und Speisen.	Es wird auch als „Fest des Fastenbrechens" bezeichnet. Es dauert drei Tage.
Imam		Er ist der Vorbeter einer Moschee. Er leitet die Gemeinde wie im Christentum ein Pfarrer.	Er ist Vorbeter und Prediger in einer Moschee.

Der Islam

1 Übertrage deine Kärtchen in die Felder.

2 Was ist dir bei der Partnersuche leicht gefallen? Was war schwer?

_____

_____

3 Erkläre die Bedeutung Mohammeds für die Muslime.

_____

4 Erkläre den Begriff „Ramadan".

_____

_____

5 Stelle das Christentum dem Islam gegenüber.
Ergänze hierzu die Tabelle, indem du vergleichbare fehlende Begriffe einsetzt.

Bezeichnung	Gläubige	Heilige Schrift	Name Gottes	Gotteshaus	Fest
Christentum			Jahwe		Fastenzeit
Islam					

6 Erläutere die fünf Säulen des Islam.

_____

_____

Der Hinduismus

Begriff	Visualisierung	Erklärung 1	Erklärung 2
Mehrgötter/ Polytheismus		In dieser Religion glaubt man an unterschiedliche Götter.	Im Gegensatz zu Hindus glauben Christen, Muslime und Juden an nur einen Gott.
Hindu		So nennt man einen Gläubigen. In Indien gibt es die meisten davon.	Nach Christen und Muslimen sind sie die drittgrößte Religionsgemeinschaft der Welt.
Tempel		Hindus verehren ihre Götter in großen, kunstvollen Bauten.	Jeder hinduistische Gott hat ein eigenes Haus. Dort wird gebetet und auch getanzt.
Shiva		Er ist neben Brahma und Vishnu einer der Hauptgötter.	Dieser Gott gilt als das Höchste im Glauben. Oft wird er tanzend dargestellt.
Brahma		Er ist neben Shiva und Vishnu einer der Hauptgötter und gilt als Schöpfer.	Dieser Gott wird oft mit mehreren Armen und Köpfen dargestellt.

Der Hinduismus

Begriff	Visualisierung	Erklärung 1	Erklärung 2
Vishnu		Er zählt neben Brahma und Shiva zu den drei wichtigsten Göttern. Er hält die Welt im Gleichgewicht.	Dieser Gott hält die Welt im Gleichgewicht. Oft wird er auf einer Schlange dargestellt.
Heilige Bücher		Im Gegensatz zum Christentum und dem Islam gibt es nicht nur ein zentrales Buch, sondern mehrere.	Diese Bücher sind Erzählungen und Anleitungen für Kulthandlungen. Das älteste Buch heißt „Rigveda".
Diwali		Dies ist das Lichterfest. Es zeigt, dass das Licht die Dunkelheit verdrängt.	Es ist eines der wichtigsten Feste. Überall leuchten viele kleine Lampen und Kerzen.
Heilige Kuh		Dieses Tier gilt als göttlich. Milch und Butter zählen zu den wichtigsten Nahrungsmitteln.	Dieses Tier steht für alle Tiere. Sie sind den Hindus heilig.
Kastensystem		Die Gläubigen leben in verschieden Schichten. Sie werden dort hineingeboren.	Grundsatz dieser Einordnung ist, dass alle von Geburt an nach Rechten, Pflichten und Fähigkeiten klar eingeteilt werden können.

Der Hinduismus

1 Übertrage deine Kärtchen in die Felder.

2 Was ist dir bei der Partnersuche leicht gefallen? Was war schwer?

_____

_____

3 Erkläre, wodurch sich der Hinduismus vom Christentum unterscheidet.

_____

_____

4 Wo und wie werden die hinduistischen Götter verehrt?

_____

_____

5 Beschreibe einen der drei Hauptgötter näher.

_____

_____

6 Vergleiche das Fest Diwali mit einem christlichen Lichterfest.

_____

_____

_____

Quellenverzeichnis

Ethisches Handeln unter Wahrung der Schöpfung

- S. 5   Schöpfer/Sixtinische Kapelle © doom.ko/Shutterstock.com
- S. 6   Meer © Iakov Kalinin/Fotolia
  Ozonloch © Shipovalov Aleksandr/Shutterstock.com
- S. 8   Sodom/Lot © ruskpp/Shutterstock.com
  Arche © photostockam/Shutterstock.com
- S. 9   Abgase © ssuaphotos/Shutterstock.com
  Massentierhaltung © Kiyota/Shutterstock.com
  Müllberg © MOHAMED ABDULRAHEEM/Shutterstock.com
  Roboter © Ociacia/Shutterstock.com
- S. 11   Grundgesetz © Boris Zerwann/Fotolia
  Steintafeln © cqgd/Shutterstock.com
- S. 12   Ungerechtigkeit/Hunger © Suzanne Tucker/Shutterstock.com
- S. 13   Plakate © Brot für die Welt, https://www.brot-fuer-die-welt.de/

Gott begreifen: Vorstellungen und Ausdrucksformen

- S. 14   Schöpfer/Sixtinische Kapelle © doom.ko/Shutterstock.com
  Allsehend © Gorbash Varvara/Shutterstock.com
  Dreifaltigkeit © Renata Sedmakova/Shutterstock.com
- S. 16   Schöpfer/Sixtinische Kapelle © doom.ko/Shutterstock.com
- S. 18   Sodom/Lot © ruskpp/Shutterstock.com
- S. 19   Skulptur „Hörender" © Kath. Kirchengemeinde St. Gereon, Fotografin: Frau Dr. Martina Junghans
- S. 20   Gebot © cooper/Shutterstock.com
  Stopp © Archiwiz/Shutterstock.com
  Steintafeln © cqgd/Shutterstock.com

Jesus auf der Spur

- S. 33   Zimmermann © Gino Santa Maria/Shutterstock.com
  Kreuze/Golgotha © welburnstuart/Shutterstock.com

Kirche: Bekenntnis und Nachfolge

- S. 41   Kreuze/Golgotha © welburnstuart/Shutterstock.com
  Papst Franziskus © neneo/Shutterstock.com
- S. 41/50/53   Petersdom © adisa – stock.adobe.com
- S. 42   Kardinäle © giulio napolitano/Shutterstock.com
- S. 43   Briefmarke „Poste vaticane", auch verfügbar unter:
  http://www.kosel.com/c/sh/d.p?l=de;0=VA0736GP;r=papstjp2
- S. 45   Eheringe © lumen die gital/Fotolia
  Hostien © Magdalena Kucova/Shutterstock.com
- S. 51/53   Wittenberg/Portal © Cora Müller – stock.adobe.com

Quellenverzeichnis

Ausdrucksformen des Glaubens

S. 53	Kölner Dom © Guenter Albers/Fotolia
S. 54	Kreuze/Golgotha © welburnstuart/Shutterstock.com
S. 58	Dreifaltigkeit © Gorbash Varvara/Shutterstock.com
S. 59	Heiliger Geist © martinussumbaji/Fotolia
S. 60/63	Aschekreuz © littlenySTOCK/Shutterstock.com

Weltreligionen

S. 65	Jude beim Gebet © Bernhard Richter/Shutterstock.com
S. 67	Pessach © ungvar – stock.adobe.com
S. 68	Kalligrafie © niznaz graphicraft/Shutterstock.com
	Mohammed © alsem/Shutterstock.com
S. 69	Mekka © Aviator70 – stock.adobe.com
S. 71	Detail Tempel © D'July/Shutterstock.com
	Hindu © nilanewsom/Shutterstock.com
	Hinduistischer Tempel © Dmitry Rukhlenko/Shutterstock.com